SCHÄRFSTENS

Scharf ist schön. Wussten schon unsere Vorfahren und gründeten ganze Weltreiche auf den Pfefferhandel, und Kolumbus, der das Pfefferland Indien suchte, fand das Chili-Land Amerika. Was für uns eine ungeahnte Bereicherung war, wie dieses Buch beweist: 40 Rezepte aus aller Welt, von scharf bis höllenscharf, von schweißtreibend bis atemberaubend. Alle Gerichte aber, ob aus Mexiko oder China, aus Ungarn oder Thailand, sind schön schlicht und natürlich schön scharf.

Inhalt

KOTÁNYI
PAPRIKA
SPEZIAL
Füllgewicht

PAPRIKA ETC.

Scharf muss nicht zwangsläufig exotisch sein. Auch im vertrauten Europa wird ziemlich verschärft gekocht. Ob Gulasch, Paprikasch, oder Penne all'arrabbiata – seit Paprika, Peperoni und Peperoncini aus Amerika zu uns kamen, haben wir überall die Freude am Pikanten bis zum höllisch Scharfen entdeckt. Ob das nun in Ungarn, Bulgarien und auf dem übrigen Balkan ist oder aber in den südlichen (weil schärfsten) Regionen Italiens, die Pfefferschote heizt uns überall mächtig ein. Ganz besonders aber auf den nun folgenden Seiten.

Hähnchenpaprikasch

Ein Traum in Rot, und wie der Name schon sagt, mit ganz besonders viel Paprika, und zwar vor allem mit dem scharfen.

Für 4 Portionen:

2 Hähnchenkeulen (à 350 g)
1 Hähnchenbrust mit Knochen (650 g)
2 Tl Kümmel, Salz, 4 Knoblauchzehen, abgeriebene Schale von 1 Zitrone
4 Tl rosenscharfes Paprikapulver, 2 Tl edelsüßes Paprikapulver
400 g rote Paprikaschoten
200 g Zwiebeln, 2 El Öl, 150 g Crème fraîche,
200 g Sahnejoghurt, 1 El Tomatenmark, 1 El Mehl

1. Die Hähnchenkeulen im Gelenk durchtrennen. Die Brust mitsamt dem Knochen längs halbieren, jede Hälfte quer halbieren.

2. Kümmel mit 1 Tl Salz im Mörser zerstoßen. Knoblauch pellen und durchpressen. Kümmel, Knoblauch, Zitronenschale und beide Paprikapulver mit 1 El Wasser zu einer Paste verrühren. Hähnchenteile in einer Schüssel mit der Paste mischen, im Kühlschrank 20 Minuten marinieren.

3. Inzwischen die Paprikaschoten vierteln, entkernen und mit der Hautseite nach oben auf ein Backblech geben. Unter dem vorgeheizten Backofengrill rösten, bis die Haut schwarz wird und Blasen wirft. Paprikaschoten in eine Schüssel geben und mit einem Teller bedeckt 10 Minuten ausdämpfen lassen. Paprikaschoten häuten und in mundgerechte Stücke schneiden. Zwiebeln pellen und fein würfeln.

4. Das Öl in einem Bräter erhitzen. Hähnchenstücke rundherum anbraten, herausnehmen. Zwiebeln hineingeben und unter Rühren goldbraun anbraten. Hähnchenteile in den Bräter geben, mit 250 ml Wasser auffüllen und zum Kochen bringen. Im vorgeheizten Ofen bei 200 Grad (Gas 3, Umluft nicht empfehlenswert) auf der 2. Einschubleiste von unten 30 Minuten offen garen. Danach wenden.

5. Crème fraîche, Joghurt, Tomatenmark und Mehl glatt rühren, mit 250 ml Wasser mischen und alles über die Hähnchenteile geben. Weitere 30 Minuten offen garen, dabei mehrmals wenden. 10 Minuten vor Ende der Garzeit die Paprikastücke zugeben. Dazu passen Nudeln oder Reis.

Zubereitungszeit 1:45 Stunden
Pro Portion 52 g E, 44 g F, 12 g KH = 658 kcal (2755 kJ)

Aufs richtige Paprika kommt es an

Dass es viele verschiedene Schoten gibt, sieht jeder: Sie haben alle andere Farben. Beim Paprikapulver ist das anders: Es ist immer rot. Und variiert heftig in der Schärfe. Achten Sie deshalb verstärkt aufs Etikett: Delikatess heißt sehr mild, als Nächstes kommt edelsüß, was mild und würzig bedeutet, dann halbscharf, was für sich selbst spricht, und schließlich als schärfste Stufe Rosenpaprika oder Rosenpaprika scharf.

Penne all'arrabbiata

Unter Liebhabern des Pikanten wahrscheinlich die beliebteste Nudel der Welt. Weil sie – auch in unserer Variante – so schön schlicht ist und so schön scharf.

Für 4 Portionen:

750 g vollreife Tomaten
100 g Zwiebeln
2 Knoblauchzehen
2 rote Chilischoten
2 El Öl
20 grüne Oliven (mit Kern, abgetropft)
500 g Penne
Salz
1 El gehackte glatte Petersilie

1. Die Tomaten kurz in siedendes Wasser geben, herausnehmen, kalt abschrecken und häuten. Vierteln, entkernen und anschließend würfeln.

2. Die Zwiebeln und Knoblauchzehen pellen und fein hacken. Die Chilischoten längs halbieren, entkernen und hacken. Das Öl in einer Pfanne oder Topf erhitzen, Zwiebeln, Knoblauch und Chili darin bei mittlerer Hitze 2–3 Minuten anschwitzen. Tomaten dazugeben und 20 Minuten unter häufigem Rühren bei mittlerer Hitze garen. 5 Minuten vor Ende der Garzeit die Oliven dazugeben.

3. Die Penne nach Packungsanweisung in reichlich Salzwasser kochen. Abgießen, dabei etwas vom Nudelwasser auffangen.

4. Die Penne zu den Tomaten geben und gut vermischen. Falls die Sauce zu dick ist, mit etwas Nudelwasser verdünnen.

5. Die Nudeln auf Tellern anrichten und mit der Petersilie bestreut servieren.

Zubereitungszeit 40 Minuten
Pro Portion 18 g E, 11 g F, 92 g KH = 545 kcal (2286 kJ)

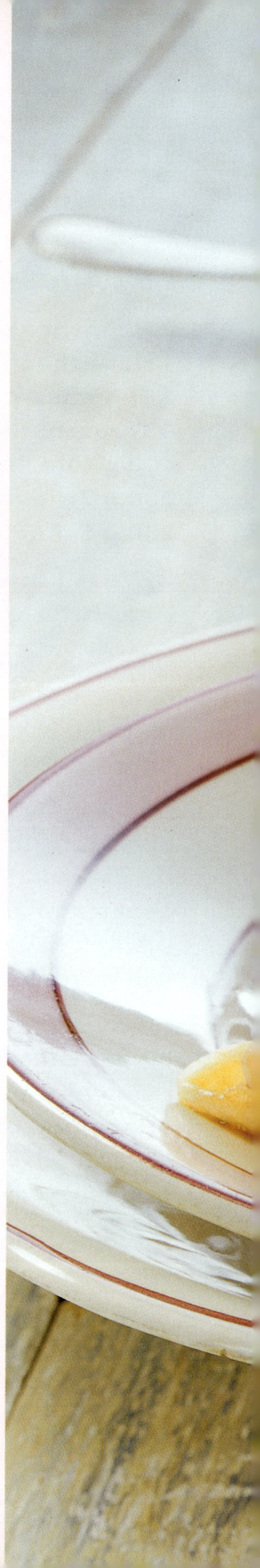

Damit die Füllung drin bleibt ...

Ein paar Dinge, die Ihnen den Umgang mit Hackfleisch erleichtern sollen: immer mit feuchten Händen arbeiten, damit das Hackfleisch nicht klebt. Mit einem Löffel das Hack flach drücken, einen Löffel Füllung hineingeben und mit dem Fleisch umwickeln. Festdrücken, und fertig ist der Klops.

Gefüllte Paprikabuletten

Dies werden mit einiger Sicherheit in kurzer Zeit Ihre Lieblingsklopse: unter anderem wegen ihres scharfen Überraschungskerns.

Für 4 Portionen:

je 1 rote und gelbe Paprikaschote
2–3 rote Chilischoten
Salz, schwarzer Pfeffer
75 g Schalotten
2 Knoblauchzehen
3 Thymianzweige
1 El Butter
700 g gemischtes Hack
3 Eier (Kl. M)
30 g Semmelbrösel
1–2 Tl rosenscharfes Paprikapulver
3 El Öl

1. Für die Füllung die Paprikaschoten vierteln, entkernen und mit der Hautseite nach oben auf ein Backblech geben. Unter dem vorgeheizten Backofengrill rösten, bis die Haut schwarz wird und Blasen wirft. Paprikaschoten in eine Schüssel geben und mit einem Teller bedeckt 10 Minuten ausdämpfen lassen. Paprikaschoten häuten und fein würfeln. Chilischoten längs halbieren, entkernen und fein hacken. Mit den Paprika in einer Schüssel vermischen, mit Salz und Pfeffer würzen.

2. Schalotten und Knoblauch pellen und fein hacken. Thymianblätter von den Zweigen zupfen und hacken. Die Butter in einem Topf schmelzen und Schalotten und Knoblauch darin 2 Minuten ohne Farbe anschwitzen. Auf einem Teller abkühlen lassen.

3. Hackfleisch mit Schalotten, Knoblauch, Thymian, Eiern, Semmelbröseln, Paprikapulver, Salz und Pfeffer mischen und in 12 gleich große Portionen teilen. In die Mitte jeder Portion 1 Tl der Füllung geben und die Hackmasse um die Füllung herum zu Buletten formen.

4. Die Buletten im heißen Öl bei mittlerer Hitze von jeder Seite 5–6 Minuten braten. Dazu passt Kartoffelsalat.

Zubereitungszeit 1 Stunde
Pro Portion 40 g E, 49 g F, 10 g KH = 637 kcal (2672 kJ)

Fischsuppe mit Rouille

Eine Wundersuppe – dank Rouille, der scharfen provenzalischen Mayonnaise.

Für 4 Portionen:

250 g Zwiebeln, 8 Knoblauchzehen, 300 g Tomaten, 500 g Miesmuscheln
8 El Olivenöl, 250 ml Weißwein, 1 Tl Fenchelsaat, 2 Msp. Safranfäden
1 l Fischfond, Salz, weißer Pfeffer, 4 Artischocken (à 250 g)
125 g mehlig kochende Kartoffeln, 5 rote Chilischoten, 1 Eigelb (Kl. M)
175 ml Speiseöl, 2–3 Tl Limettensaft, 2 Wolfsbarsche (küchenfertig, à 350 g)

1. Zwiebeln und 5 Knoblauchzehen pellen und hacken. Tomaten in 1 cm große Würfel schneiden. Die Muscheln waschen und entbarten.

2. 2 El Olivenöl in einem Topf erhitzen, Zwiebeln und Knoblauch darin 1 Minute bei mittlerer Hitze anschwitzen. Die Muscheln dazugeben und weitere 30 Sekunden anschwitzen. Weißwein dazugießen und verschlossen garen, bis alle Muscheln geöffnet sind. Muscheln herausnehmen und beiseite legen. Tomaten, Fenchel, einige Safranfäden, Fischfond und 200 ml Wasser in den Topf geben, aufkochen und bei mittlerer Hitze 45 Minuten sanft kochen lassen. Mit Salz und Pfeffer würzen. Durch ein Sieb in einen zweiten Topf geben.

3. Das obere Drittel der Artischocken abschneiden (Foto A), dann putzen, dabei alle harten Außenblätter großzügig entfernen (Foto B), den Stiel abschälen und das Dunkelgrüne entfernen (Foto C). Artischocken vierteln und das Heu entfernen (Foto D). Artischocken in der Suppe bei mittlerer Hitze 20 Minuten garen.

4. Inzwischen für die Rouille die Kartoffeln in der Schale garen, kalt abschrecken und pellen. Kartoffeln in einer Schüssel stampfen, etwas abkühlen lassen. 1 Msp. Safran in 2 El warmem Wasser einweichen. Restlichen Knoblauch pellen, zu den Kartoffeln pressen. Chilischoten längs halbieren, entkernen und fein würfeln, zu den Kartoffeln geben. Eigelb zu den Kartoffeln geben und glatt rühren, 5 El Olivenöl und das Speiseöl in einem dünnen Strahl unterrühren, so dass eine cremige Mayonnaise entsteht. Safran mit dem Einweichwasser und Limettensaft unterrühren und mit Salz und Pfeffer würzen.

5. Wolfsbarsch in jeweils 4 Stücke schneiden. Mit Salz und Pfeffer würzen. Das restliche Olivenöl in einer Pfanne erhitzen, Fisch darin rundherum anbraten. In die Suppe geben und 5 Minuten sanft garen. Kurz vor Ende der Garzeit die Muscheln in der Suppe erwärmen. Mit der Rouille servieren.

Zubereitungszeit 2 Stunden
Pro Portion 28 g E, 67 g F, 16 g KH = 788 kcal (3302 kJ)

A

B

C

D

Pfeffer: bunte Vielfalt

Hier sind sie, die häufigsten Sorten: ganz oben der grüne Pfeffer, so wie er am Busch wächst, darunter derselbe in konservierender Lake. Beide von sanfter Schärfe und fast gemüsiger Frische. Im unteren Foto weißer und schwarzer Pfeffer, der weiße deutlich milder, der schwarze würziger.

3-Pfeffer-Steak

Ein Klassiker der scharfen Küche, von uns noch einmal mit ein paar scharfen Kleinigkeiten optimiert.

Für 4 Portionen:

2–3 Tl weiße Pfefferkörner
2–3 Tl schwarze Pfefferkörner
2–3 El grüne Pfefferkörner in Lake
½ Bund Schnittlauch
4 Rinderfiletsteaks (à 160 g)
Salz
2 El Öl
3 El Cognac oder Weinbrand
200 ml Schlagsahne
2 Tl extra scharfer Senf

1. Weiße und schwarze Pfefferkörner grob zerstoßen. Grüne Pfefferkörner abtropfen lassen, Lake auffangen. Grüne Pfefferkörner grob hacken oder zerdrücken. Schnittlauch in feine Röllchen schneiden.

2. Die Filetsteaks salzen, auf jeder Seite mit den weißen und schwarzen Pfefferkörnern bestreuen und diese fest andrücken.

3. Öl in einer möglichst schweren Pfanne erhitzen. Die Steaks darin von jeder Seite je nach gewünschter Gartemperatur bei starker Hitze braten. (Englisch pro Seite 1 Minute, medium etwa 2–3 Minuten pro Seite, durchgebraten 5–6 Minuten pro Seite, bei etwas niedrigerer Hitze.) Gebratene Steaks herausnehmen und kurz ruhen lassen.

4. Inzwischen den Bratensatz mit dem Cognac ablöschen, grüne Pfefferkörner dazugeben und mit der Sahne auffüllen. Sahne cremig einkochen lassen, von der Kochstelle nehmen. Senf und Schnittlauch unterrühren, mit Salz würzen. Sollte die Sauce dick werden, mit etwas zurückbehaltener Lake verdünnen. Steaks auf vier Teller geben und mit der Sauce servieren. Dazu passen, ganz klassisch, Kartoffelgratin und glasierte Möhren.

Zubereitungszeit 30 Minuten
Pro Portion 36 g E, 26 g F, 2 g KH = 405 kcal (1700 kJ)

Allzweck-Kraut Liebstöckel

Die große Allround-Würze Liebstöckel, geradezu berühmt als Maggi-Kraut, stammt wohl aus dem Vorderen Orient und belebt alles Deftige und Scharfe. Am intensivsten entfaltet es seine Wirkung frisch vom Frühjahr bis in den Spätsommer. Wichtig: Dosieren Sie vorsichtig, sonst schmeckt es sehr nach Maggi.

Kartoffel-Paprika-Topf

Hier kommen Schärfe und Delikatesse aus allen Richtungen: Paprika, Chili, Pfeffer und – als Höhepunkt – frischer Meerrettich sorgen für beides.

Für 4 Portionen:

450 g Suppengrün
150 g Zwiebeln
450 g Tomaten
500 g durchwachsener Speck (im Stück)
2 rote Chilischoten
je 2 El edelsüßes und rosenscharfes Paprikapulver
½ Tl Kümmelpulver
500 g rote Paprikaschoten
750 g kleine fest kochende Kartoffeln
3 Liebstöckelzweige
75 g frische Meerrettichwurzel
Salz, weißer Pfeffer

1. Suppengrün putzen, Zwiebeln pellen, beides grob würfeln. Tomaten waschen und ebenfalls würfeln. Mit dem Speck, ganzen Chilischoten, Paprikapulver und Kümmel in einen Topf geben. Mit 1,5 l Wasser auffüllen, zum Kochen bringen und 1 Stunde, 30 Minuten bei milder Hitze kochen, dabei gegebenenfalls abschäumen.

2. Die Paprikaschoten vierteln, entkernen und mit der Hautseite nach oben auf ein Backblech geben. Unter dem vorgeheizten Backofengrill rösten, bis die Haut schwarz wird und Blasen wirft. Paprikaschoten in eine Schüssel geben und mit einem Teller bedeckt 10 Minuten ausdämpfen lassen. Paprika häuten und in Streifen schneiden. Die Kartoffeln waschen, schälen und in kaltes Wasser legen.

3. Speck aus dem Sud nehmen. Sud durch ein Sieb in einen zweiten Topf geben. Kartoffeln ohne Wasser in den Sud geben, erneut zum Kochen bringen und in ca. 20 Minuten weich garen.

4. Den Speck in dünne Scheiben schneiden. Kurz vor Ende der Garzeit mit den Paprikastreifen in den Topf geben und erwärmen. Liebstöckel von den Stielen zupfen und in feine Streifen schneiden. Meerrettich putzen und fein reiben.

5. Eintopf mit Salz und Pfeffer würzen, auf vier Teller verteilen und mit Liebstöckel und Meerrettich bestreut servieren.

Zubereitungszeit 2 Stunden
Pro Portion 27 g E, 37 g F, 34 g KH = 584 kcal (2447 kJ)

Kaninchen mit 10 Schoten

Unter kräftiger Mithilfe von zehn (!) Chilischoten und fünf Knoblauchzehen wird das harmlose Kaninchen im Schmortopf zur explosiven Köstlichkeit.

Für 4 Portionen:

1,25 kg gemischte Paprikaschoten (rot, gelb, grün)
je 5 rote und grüne Chilischoten
5 Knoblauchzehen
250 g Zwiebeln, 3 El Öl
4 Kaninchenkeulen (à 225 g)
Salz, Pfeffer
500 g Tomatenpüree mit Stücken (Dose)
200 ml Hühnerfond
2 Lorbeerblätter
1 Tl Zucker
3 El Rotweinessig

1. Die Paprikaschoten vierteln, entkernen und mit der Hautseite nach oben auf ein Backblech geben. Unter dem vorgeheizten Backofengrill rösten, bis die Haut schwarz wird und Blasen wirft. Paprikaschoten in eine Schüssel geben und mit einem Teller bedeckt 10 Minuten abgedeckt ausdämpfen lassen. Paprikaschoten häuten und in breite Streifen schneiden. Die Hälfte der Chilischoten längs halbieren, entkernen und fein hacken. Knoblauch und Zwiebeln pellen, in feine Scheiben schneiden.

2. Öl in einem Bräter erhitzen, Kaninchenkeulen mit Salz und Pfeffer würzen und 2 Minuten von jeder Seite anbraten, herausnehmen. Die Zwiebeln und den Knoblauch bei mittlerer Hitze 5 Minuten unter Wenden dünsten. Tomaten, Hühnerfond, Paprikastreifen, gehackte und ganze Chilischoten, Lorbeerblätter, Zucker und Essig zugeben.

3. Die Kaninchenkeulen auf das Gemüse setzen, Deckel aufsetzen und zum Kochen bringen. Im vorgeheizten Ofen bei 200 Grad (Gas 3, Umluft 185 Grad) auf der 2. Einschubleiste von unten 1 Stunde schmoren lassen. Dabei die Keulen zweimal wenden.

4. Am Ende der Garzeit die Sauce evtl. mit Salz und Pfeffer würzen. Dazu passt knuspriges Landbrot.

Zubereitungszeit 1:50 Studnen
Pro Portion 41 g E, 12 g F, 16 g KH = 347 kcal (1454 kJ)

MADE IN U.S.A.
Mc.ILHENNY CO.
AVERY ISLAND
LA.
TABASCO
BRAND
PEPPER SAUCE

HEISSER SÜDEN

Ganz so neu ist die Erkenntnis nicht, dass die Küche schärfer wird, je weiter wir nach Süden vordringen. Der Süden der Vereinigten Staaten und die Karibik liegen zum Glück ziemlich weit unten auf der Landkarte. Was sich äußerst erfreulich auf die Küche auswirkt. Sie bietet nämlich neben selbstverständlicher Schärfe einige hochraffinierte Frucht- und Gewürzakzente. Wenn Sie es einmal probiert haben (die Rezepte folgen auf den kommenden Seiten), werden Sie auf Tabasco und Tamarinden, auf Limetten, Pomeranzen und die diversen Pfefferschoten nicht mehr verzichten wollen.

Blackened Steak Salad

Eine rasante Mischung: zarte, fast schwarz gebratene Steaks und fruchtig-scharfes Gemüse mit überraschendem Aroma.

Für 4 Portionen:

750 g gemischte Paprikaschoten
300 g Tomaten, 4 El Tomatensaft
2 El Zitronensaft, 2 Tl flüssiger Honig
6 El Olivenöl, 3 Zweige glatte Petersilie
Salz, schwarzer Pfeffer, Tabasco
100 g gemischte kleine Salatkräuter (z. B. Rucola, Kapuzinerkresse und Pimpinelle)
5 Tl schwarze Pfefferkörner
4 Rumpsteaks (à 150 g)
2 Tl rosenscharfes Paprikapuler

1. Die Paprikaschoten vierteln, entkernen und mit der Hautseite nach oben auf ein Backblech geben. Unter dem vorgeheizten Backofengrill rösten, bis die Haut schwarz wird und Blasen wirft. Paprikaschoten in eine Schüssel geben und mit einem Teller bedeckt 10 Minuten ausdämpfen lassen. Anschließend häuten und in 2 cm große Rauten schneiden. Tomaten waschen, je nach Größe vierteln oder halbieren und entkernen. Tomaten und Paprika in einer Schüssel mischen.

2. Tomatensaft, Zitronensaft, Honig und 4 El Olivenöl verrühren. Petersilie waschen, die Blätter hacken und unterrühren. Mit Salz, Pfeffer und reichlich Tabasco würzen und über die Paprika und Tomaten geben. 20 Minuten marinieren lassen und gegebenenfalls erneut leicht würzen. Salatkräuter waschen und trockenschleudern.

3. Pfefferkörner im Mörser zerstoßen. Die Steaks auf einer Seite mit Paprikapulver, anschließend rundum im gestoßenen Pfeffer wenden.

4. Das restliche Öl in einer Pfanne erhitzen und die Steaks darin auf jeder Seite bei hoher Hitze 3 Minuten braten. Steaks aus der Pfanne nehmen und mit Alufolie abgedeckt 4 Minuten ruhen lassen.

5. Inzwischen den Paprikasalat kurz abtropfen lassen, mit den Salatkräutern auf vier Teller geben. Die Steaks in jeweils 5 Scheiben schneiden und auf dem Salat verteilen. Abgetropfte Vinaigrette über die Steaks gießen.

Zubereitungszeit 45 Minuten (plus Zeit zum Marinieren)
Pro Portion 37 g E, 22 g F, 13 g KH = 403 kcal (1692 kJ)

Calamari mit Chili-Mayonnaise

Sieht aus wie immer, aber dann kommt die Geschmacks-Explosion!

Für 4–6 Portionen:

1 kg frische Calamari (à ca. 250 g)
300 ml Buttermilch
1 Ei (Kl. M)
1 Tl rosenscharfes Paprikapulver
3–4 Tl frischer Limettensaft
Salz, weißer Pfeffer
100 ml Öl
3 kleine grüne Chilischoten
4 Zweige glatte Petersilie
150 g Mehl
75 g Maismehl
3 El extra scharfes Chilipulver
Öl zum Frittieren

1. Die Calamari putzen, dabei das Chitinskelett und die Innereien aus den Tuben entfernen. Die Tentakel an den Augen vom Kopf trennen und den Schnabel entfernen (siehe Fotos rechts). Geputzte Teile gründlich kalt abspülen, abtropfen lassen und trockentupfen. Die Tuben in ½ cm breite Ringe schneiden, die Tentakel halbieren. Ringe und Tentakel in die Buttermilch geben und 1 Stunde kalt stellen.

2. Ei, Paprikapulver, Limettensaft mit Salz und Pfeffer in einen hohen Becher geben. Das Öl dazugießen. Mit dem Pürierstab bei hoher Geschwindigkeit vom Becherboden nach oben ziehend zu einer glatten Mayonnaise mixen. Chilis längs halbieren, entkernen und fein hacken. Petersilie waschen, von den Stielen zupfen und hacken. Chilis und Petersilie unter die Mayonnaise rühren. 15 Minuten kalt stellen, erst dann mit Salz und Pfeffer abschmecken.

3. Das Mehl, Maismehl, Chilipulver und etwas Salz in eine Schüssel sieben. Das Öl zum Frittieren in einem Topf oder in der Fritteuse auf 180 Grad erhitzen. Die Calamari in einem Sieb gut abtropfen lassen. Portionsweise durch die Mehlmischung ziehen, überschüssiges Mehl abschütteln. In der Fritteuse in 2–3 Minuten portionsweise knusprig ausbacken. Auf etwas Küchenpapier abtropfen lassen. Nach Geschmack leicht salzen und mit der Chili-Mayonnaise servieren.

Zubereitungszeit 45 Minuten (plus Kühlzeit)
Pro Portion (bei 6) 29 g E, 36 g F, 18 g KH = 514 kcal (2152 kJ)

Was stört, das muss weg

Zuerst die Innereien aus den Tuben holen, dann die Tentakel vom Kopf trennen und schließlich den harten Schnabel entfernen.

Okra, Gumbo oder Ladyfinger
Grün, fünfeckig im Querschnitt und im Geschmack wie eine herbwürzige Variante der Brechbohne, so wurde Okra zum wichtigsten Bestandteil von Soul Food. Schneidet man die Okra an, wird sie leicht schleimig, was in einer sämigen Suppe von Vorteil ist – sie schafft Bindung. Ansonsten besser im Ganzen verwenden.

Tropisches Hähnchen

Mögen Sie Hühnersuppe? Egal ob ja oder nein, nach der exotischen Schärfe dieser werden Sie süchtig werden. Garantiert.

Für 4–6 Portionen:

800 g Hähnchenbrust mit Haut und Knochen
800 ml Hühnerfond
Salz, 15 schwarze Pfefferkörner
2 Lorbeerblätter
100 g Zwiebeln
150 g durchwachsener Speck
2 rote Paprikaschoten
200 g Tomaten
300 g Okraschoten
2 rote Chilischoten
1 Dose Mais (275 g EW)
200 g Debrecziner Würstchen
3 El Öl, 2 El Mehl
400 ml Kokosmilch (Dose)

1. Hähnchenbrust in einem Topf mit dem Fond, etwas Salz, Pfefferkörnern und Lorbeer zum Kochen bringen, abschäumen und 35 Minuten bei mittlerer Hitze garen. Hähnchen herausnehmen und abkühlen lassen, Fond durch ein Sieb passieren.

2. Zwiebeln pellen und fein hacken. Speck fein würfeln. Paprika vierteln, entkernen und in Würfel schneiden. Stielansatz der Tomaten keilförmig herausschneiden. Tomaten mit heißem Wasser überbrühen, kalt abschrecken und häuten. Tomaten vierteln. Okraschoten in Scheiben schneiden. Chilischoten fein hacken. Mais gut abtropfen lassen. Würstchen längs halbieren. Hähnchenfleisch vom Knochen lösen, häuten und in mundgerechte Stücke schneiden.

3. Das Öl in einem Topf erhitzen und Zwiebeln und Speck darin zusammen anschwitzen. Mit dem Mehl bestäuben. Den passierten Fond, Kokosmilch und Chilischoten dazugeben und zum Kochen bringen. Okra und Paprika zufügen und 10 Minuten kochen. Tomaten, Mais, Hähnchenfleisch und die Wurst zugeben, weitere 10 Minuten garen. Die Suppe mit Salz und Pfeffer würzen und in tiefen Schalen servieren.

Zubereitungszeit 1:10 Stunden
Pro Portion (bei 6) 46 g E, 36 g F, 16 g KH = 571 kcal (2389 kJ)

Schweinebraten-Sandwich

Dass belegte Brote eine scharfe Sache sein können, zeigen diese ganz besonderen Stullen, dank der Super-Sauce Mojo.

Für 4 Portionen:

300 g Weißkohl
4 El Apfelessig
Salz, Pfeffer, Zucker
75 ml Speiseöl
4 große Knoblauchzehen
4 grüne Pfefferschoten
75 ml frisch gepresster Limettensaft
1–2 Tl Kreuzkümmelpulver
2 El Olivenöl
1 Bund Koriandergrün
4 Hamburger-Brötchen
250 g Schweinebraten (in dünnen Scheiben)

1. Weißkohl putzen, Strunk entfernen. Kohl in feine Streifen schneiden. Essig, Salz, Pfeffer, Zucker und 2 El Öl verrühren, zum Kohl geben und mindestens 45 Minuten marinieren.

2. Knoblauch pellen und fein hacken. Pfefferschoten hacken. Das restliche Öl in einem Topf erhitzen, den Knoblauch darin bei milder Hitze hellbraun anschwitzen. Pfefferschoten, Limettensaft, Kreuzkümmel, Olivenöl, ½ Tl Salz und ½ Tl Pfeffer zugeben. Die Sauce einmal aufkochen lassen und anschließend auf Zimmertemperatur abkühlen lassen. Inzwischen das Koriandergrün hacken, anschließend in die abgekühlte Sauce geben. Mojo, so heißt die Sauce zu Hause in Kuba, noch ca. 30 Minuten ziehen lassen und gegebenenfalls mit Salz und Pfeffer nachwürzen.

3. Die Hamburger-Brötchen in der Mitte durchschneiden und leicht toasten. Kohlsalat ausdrücken, mit dem Schweinebraten auf die Brötchen schichten. Sandwiches mit Mojo beträufelt servieren, restliche Mojo dazuservieren.

Zubereitungszeit 25 Minuten (plus Zeit zum Marinieren)
Pro Portion 22 g E, 32 g F, 29 g KH = 500 kcal (2093 kJ)

Teilen und zubereiten

Das Wichtigste zuerst: Für dieses Rezept soll der Fischhändler den Hummer nur töten, nicht garen – sonst wird er später zäh. Beim Zerteilen ist ein schweres Messer sehr hilfreich: zum Zerschneiden ebenso wie beim Anschlagen der Scherenpanzer.

Hummer mit Chili-Orangen-Butter

Gebratener Hummer ist allein schon etwas Herrliches. In dieser Variante allerdings wird er fast zum Wunder – zu einem ziemlich scharfen.

Für 2–4 Portionen:

2 Hummer (ca. 700 g, vom Fischhändler getötet, aber nicht gegart)
3 Orangen, 2 rote Chilischoten, 1 kleine Schalotte, 125 g Butter
3 El Olivenöl, 100 ml trockener Weißwein
100 ml Fischfond, Salz, weißer Pfeffer

1. Hummer mit einem schweren Messer der Länge nach halbieren (Foto A), Innereien entfernen, Kopfteil ausspülen und gut abtropfen lassen. Scheren mit dem Messerrücken anschlagen, Scherenpanzer entfernen (Foto B). Hummer abgedeckt beiseite stellen.

2. Eine Orange auspressen. Restliche Orangen mit einem Messer so schälen, dass sämtliche weiße Haut entfernt wird. Das Fruchtfleisch aus den Trennhäuten lösen, angefallenen Saft zum ausgepressten Saft geben. Die Chilischoten in feine Ringe schneiden, die Kerne aus den Scheiben entfernen. Die Schalotte pellen und in sehr feine Würfel schneiden. Butter in kleine Würfel schneiden und kalt stellen.

3. 2 Tl Öl in einem kleinen Topf erhitzen, Schalotten darin bei mittlerer Hitze farblos anschwitzen. Mit dem Orangensaft, Weißwein und Fischfond ablöschen und die Hälfte der Orangenfilets dazugeben. Bei mittlerer Hitze um ²⁄₃ einkochen lassen. Nach etwa 2–3 Minuten Chili zugeben.

4. Die kalte Butter nach und nach bei schwacher Hitze unter die Sauce rühren. Die restlichen Orangenfilets in der Sauce erwärmen, mit Salz und Pfeffer würzen. Sauce von der Kochstelle nehmen und warm halten.

5. Hummerhälften auf der Fleischseite salzen und pfeffern. Im restlichen Olivenöl in einer heißen Pfanne auf den Fleischseiten bei starker Hitze 2 Minuten braten. Im vorgeheizten Backofen bei 180 Grad auf der 2. Einschubleiste von unten 6–7 Minuten garen (Gas 2–3, Umluft nicht empfehlenswert). Die Sauce auf vier Teller geben und mit je einem halben Hummer servieren.

Zubereitungszeit 45 Minuten
Pro Portion (bei 4) 39 g E, 35 g F, 10 g KH = 519 kcal (2174 kJ)

Kleine Anregung: Mit einem knusprigen Baguette ist der Hummer eine leichte Vorspeise, mit Basmati-Reis wird er zum Festmahl.

Blumenkohl-Curry

Das Alltagsgemüse exotisch und außergewöhnlich: In der cremigen Sauce stecken Zitrusaroma und das beachtliche Feuer von grüner Chilipaste.

Für 4 Portionen:

1 Blumenkohl (ca. 1,75 kg)
Salz
500 g rote Paprikaschoten
2 Zitronengrasstangen
2 Knoblauchzehen
1 Bund Frühlingszwiebeln
2–3 El Öl
2–3 El grüne Currypaste
600 ml Kokosmilch
1 El Zitronensaft
1 El thailändische Fischsauce
4 Kaffir-Limettenblätter (ersatzweise 1 Tl geriebene Limettenschale)
½ Bund Koriandergrün

1. Blumenkohl putzen und in Röschen teilen. 4 Minuten in Salzwasser garen, abgießen und kalt abschrecken. Anschließend gut abtropfen lassen. Paprikaschoten halbieren, entkernen und in 1 cm große Rauten schneiden. Harte Außenblätter vom Zitronengras entfernen. Das untere Stangendrittel in sehr dünne Scheiben schneiden, Rest wegwerfen. Knoblauch pellen und in Scheiben schneiden. Frühlingszwiebeln putzen und in feine Ringe schneiden.

2. Das Öl in einer tiefen Pfanne oder in einem Wok erhitzen. Blumenkohl und Paprika darin unter Rühren bei starker Hitze 1 Minute anbraten. Hitze reduzieren und Knoblauch und Zitronengras dazugeben, weitere 30 Sekunden anschwitzen. Currypaste dazugeben und kurz anschwitzen.

3. Kokosmilch, Zitronensaft, Fischsauce und Kaffirblätter in den Wok geben, alles zum Kochen bringen und bei mittlerer Hitze 5 Minuten garen. Korianderblätter von den Stielen zupfen und fein hacken. Am Ende der Garzeit unterheben. Mit den Frühlingszwiebeln bestreut servieren.

Zubereitungszeit 50 Minuten
Pro Portion 11 g E, 32 g F, 16 g KH = 400 kcal (1674 kJ)

Kaffirblätter oder was?

Kaum ein Blatt ist so vielen Missverständnissen ausgesetzt wie das Kaffirblatt. Immer wieder wird es in Rezepten Zitronenblatt, Limonenblatt oder Limettenblatt genannt. Richtig ist, dass es sich um Blätter des Kaffir-Limettenstrauchs handelt, einer kleinen Zitrusfrucht. Sie bekommen die Blätter frisch im Asia-Laden, meist aber viel zu viele. Nehmen Sie die wenigen heraus, die Sie brauchen, und frieren Sie die restlichen im Plastikbeutel ein. Später dann die benötigte Menge noch gefroren ans Essen geben.

Soi Sam oder Paksoi

In China heißt diese spinatartige Kohlsorte Paksoi oder Pak-Choi, in Thailand – und daher kommt unser Rezept – sagt man Soi Sam. Verarbeitet wird es in beiden Ländern gleich: Sie können es dämpfen, kochen oder braten. Wenn Sie es möglichst knackig mögen, dann sollten Sie die Blätter von den Stielen getrennt zubereiten.

Marinierter Thunfisch auf Soi Sam

Hier bringt's der Kontrast: Der äußerst zarte Thunfisch, durch Marinieren noch zarter, und die Schärfe ebendieser Marinade ergeben eine Traumkombination.

Für 4 Personen:

50 g brauner Zucker, 2 Knoblauchzehen
25 g frische Ingwerwurzel
1 frische rote Chilischote, 2 Limetten
3 El Nam pla (thailändische Fischsauce, Asia-Laden)
4 Thunfischsteaks (à 175 g)
10 El Speiseöl (vorzugsweise Erdnussöl)
2 El Sesamöl
3 El süße rote Chilisauce für Hühnchen (Asia-Laden)
4 Zweige Opalbasilikum, Salz, Pfeffer
400 g Soi Sam

1. Zucker mit 150 ml Wasser aufkochen und ca. 5 Minuten sirupartig einkochen. Vollständig abkühlen lassen. Knoblauch pellen, Ingwer schälen und beides sehr fein hacken. Chilischote längs halbieren, entkernen und grob hacken. Zusammen mit dem Saft von 1 Limette, der Fischsauce, Knoblauch und Ingwer zum Sirup geben und verrühren. Die Thunfischsteaks in eine Schale legen, mit der Marinade übergießen und 3 Stunden marinieren, dabei einmal wenden.

2. Inzwischen die verbliebene Limette auspressen, den Saft mit 6 El Speiseöl, Sesamöl und der süßen Chilisauce verrühren. Basilikumblätter von den Stielen zupfen, in feine Streifen schneiden und zur Vinaigrette geben. Mit Salz und Pfeffer würzen und alles bei Zimmertemperatur ziehen lassen.

3. Soi Sam waschen, Stiele um 1/3 kürzen. Dicke Stiele längs halbieren. 2 El Öl in einer großen Pfanne erhitzen, Soi Sam darin bei starker Hitze unter Schwenken anbraten. 5 El Wasser in die Pfanne geben, verschlossen 4 Minuten bei mittlerer Hitze dämpfen. Herausnehmen und gut abtropfen lassen.

4. Thunfisch aus der Marinade nehmen und gut abtropfen lassen. Restliches Öl in einer Pfanne erhitzen und die Thunfischsteaks darin von jeder Seite 1–2 Minuten braten.

5. Soi Sam auf vier Teller verteilen, die halbierten Thunfischsteaks darauf geben und mit der Vinaigrette übergießen. Dazu passt am besten Duftreis.

Zubereitungszeit 45 Minuten (plus Zeit zum Marinieren)
Pro Portion 43 g E, 42 g F, 21 g KH = 643 kcal (2690 kJ)

Hähnchen-Satay

Huhn am Stiel: Stark gewürztes Hähnchenhack auf Spießen aus Zitronengras, mit scharfer Erdnuss-Sauce. Da staunt nicht nur das Huhn.

Für 8 Stück:

50 g frische Ingwerwurzel, 3 Knoblauchzehen
1 kleine grüne Chilischote
250 ml Geflügelfond, 1–2 Tl rote Currypaste
50 g brauner Zucker
175 g Erdnussbutter, Salz
2 kleine Schalotten
600 g Hähnchenbrustfilet
3 Tl Sambal Oelek, schwarzer Pfeffer
8 Zitronengrasstangen

1. 25 g Ingwer schälen und fein reiben. 2 Knoblauchzehen pellen und fein hacken. Chilischote längs halbieren, entkernen und fein hacken. Mit dem Geflügelfond, Currypaste, braunem Zucker, Erdnussbutter und 1 Prise Salz in einem Topf verrühren und bei mittlerer Hitze unter Rühren zum Kochen bringen. 30 Sekunden kochen lassen, aus dem Topf nehmen und abkühlen lassen.

2. Restlichen Ingwer schälen und fein reiben. Restlichen Knoblauch pellen und hacken. Schalotten pellen und fein würfeln. Das Hähnchenfleisch von Fett und Sehnen befreien und in 1 cm große Würfel schneiden. In der Moulinette portionsweise zu einer glatten Masse zerkleinern. In einer Schüssel mit Schalotten, Ingwer, Knoblauch und Sambal Oelek mischen. Mit Salz und Pfeffer würzen.

3. Zitronengrasstangen waschen und von den äußeren harten Schichten befreien. Das Hähnchenfleisch in 8 gleich große Portionen teilen. Hähnchenfleisch nacheinander auf die Handfläche geben und je 1 Zitronengrasstange in die Mitte legen. Das Fleisch fest um das dicke Ende vom Zitronengras drücken und auf einen gefetteten Teller geben.

4. Die Spieße in einer Grillpfanne oder auf dem Holzkohlegrill bei mittlerer Hitze rundherum ca. 8–10 Minuten unter häufigem Wenden garen. Mit der Erdnuss-Sauce servieren.

Zubereitungszeit 1 Stunde
Pro Stück 24 g E, 12 g F, 10 g KH = 239 kcal (1002 kJ)

So kommt das Huhn auf den Spieß

Machen Sie aus der Hackmasse flache Scheiben, nehmen Sie diese in die Handfläche, legen einen Halm Zitronengras darauf und drücken Sie das Fleisch fest an. Wichtig: Das Hack sollte immer gut gekühlt sein, sonst verliert es die Bindung und wird krümelig.

Vietnamesisches Omelett

Das wird ein rechtes Überraschungspaket: von außen ein harmloser Eierpfannkuchen, innen eine geballte Ladung scharfer Würze.

Für 4 Portionen:

50 g Glasnudeln
je 1 gelbe und orangefarbene Paprikaschote (à 200 g)
je 1 rote und grüne Chilischote
25 g Cashewkerne
30 g frische Ingwerwurzel
½ Bund Koriandergrün
2 Tl Thai-Fischsauce
1–2 Tl Sesamöl
Salz, weißer Pfeffer
6 Eier (Kl. L)
2 El Öl
süße Chilisauce

1. Glasnudeln nach Packungsanweisung garen und erkalten lassen.

2. Paprikaschoten waschen, vierteln, entkernen und in sehr dünne Streifen schneiden. Chilischoten längs halbieren, entkernen und fein hacken. Cashewkerne fein hacken. Ingwer schälen und fein reiben oder hacken. 4 Zweige Korianderblätter abzupfen und fein hacken, restlichen Koriander in Eiswasser legen.

3. Nudeln mit der Fischsauce, dem Sesamöl und den vorbereiteten Zutaten in einer Schüssel vermischen, mit Salz und Pfeffer würzen.

4. Eier mit 3 El kaltem Wasser verquirlen. Das Öl portionsweise in einer beschichteten Pfanne erhitzen und nacheinander aus den verquirlten Eiern 4 dünne Omeletts braten. Omeletts abkühlen lassen.

5. Die Füllung auf den Omeletts verteilen und mit dem restlichen Koriander zusammen einrollen. Mit der süßen Chilisauce servieren.

Zubereitungszeit 45 Minuten
Pro Portion 14 g E, 19 g F, 15 g KH = 292 kcal (1226 kJ)

A

B

Dekorativ und sinnvoll

Der eingeritzte Tintenfisch sieht nicht nur schöner aus, er nimmt auch das scharfe Sambal Oelek (oben) besser auf.

Tintenfisch mit Kokos-Sambal

Der Name ist Programm: Sambal heißt nämlich die äußerst scharfe Würzpaste Indonesiens. Hier wird sie ein bisschen gemildert durch Kokos.

Für 4 Portionen:

1,5 kg Calamari (à 200 g)
125 g Zwiebeln, 2–3 Knoblauchzehen
40 g frische Ingwerwurzel
6 El Öl, 30 g Zucker
400 ml Kokosmilch (ungesüßt, Dose)
3–4 El Sambal Oelek
2 Tl edelsüßes Paprikapulver
175 g Frühlingszwiebeln
150 g frische Shiitake-Pilze
Salz, schwarzer Pfeffer

1. Calamari putzen, dabei das Chitinskelett und die Innereien aus den Tuben entfernen. Die Tentakel an den Augen vom Kopf trennen und den Schnabel entfernen. Tuben aufschneiden und längs halbieren. Die Innenseite mit einem scharfen Messer diagonal einritzen (Foto A) und anschließend in 7 x 4 cm große Rechtecke schneiden (Foto B). Alles kalt abspülen, abtropfen lassen und gut trockentupfen.

2. Zwiebeln und Knoblauch pellen und fein würfeln. Ingwer schälen und fein reiben. 1 El Öl erhitzen, Zwiebeln, Knoblauch und Ingwer darin kurz andünsten, mit Zucker bestreuen und mit der Kokosmilch auffüllen. Sambal Oelek und Paprikapulver unterrühren und von der Kochstelle nehmen.

3. Die Frühlingszwiebeln putzen, das Weiße und Hellgrüne schräg in Scheiben schneiden. Shiitake-Pilze putzen und die Hüte in Scheiben schneiden.

4. 2 El Öl in einer großen Pfanne erhitzen, Frühlingszwiebeln und Pilze darin bei starker Hitze 2 Minuten anbraten, in die Kokossauce geben.

5. Restliches Öl in 2 Pfannen erhitzen, die Calamari mit der glatten Seite nach unten und die Tentakel in das Fett geben und 2 Minuten bei starker Hitze anbraten. Leicht mit Salz und Pfeffer würzen. Alle Calamari in eine Pfanne geben und die Sauce dazugeben. Kurz erhitzen und servieren.
Dazu passt gedämpfter Duftreis.

Zubereitungszeit 1:15 Stunden
Pro Portion 63 g E, 36 g F, 29 g KH = 690 kcal (2890 kJ)

AFRIKA

Heiß ist es in Afrika, und entsprechend scharf ist die afrikanische Küche. Wer wahrhaft atemberaubende Dinge erleben will, der esse seine schlichte deutsche Bratwurst zur Abwechslung mal mit der nordafrikanischen Würzpaste Harissa. Höllenscharf dürfte der passende Ausdruck sein. Rasiermesserscharf wird es dann mit der äthiopischen Paste Berbere. Eines aber zeichnet alle Gerichte dieses Kontinents aus: Sie machen fröhlich, weil sie so fantastisch schmecken. Und natürlich, weil sie so außerordentlich scharf sind. Probieren Sie es aus!

Harissa-Dip

Ein ganz besonders feuriger Dip, zu gegrillten Gemüsen oder einfach nur mit Fladenbrot zur schlichten Bratwurst.

Für 4 Portionen:

750 g gemischte Paprikaschoten
300 g Tomaten
3 Knoblauchzehen
1 Schalotte
2 El Olivenöl
1 Msp. Safranfäden
3 Tl Harissa-Paste
Salz
Saft von 1 Zitrone
Zucker

1. Die Paprikaschoten vierteln, entkernen und mit der Hautseite nach oben auf ein Backblech legen. Unter dem vorgeheizten Backofengrill rösten, bis die Haut schwarz wird und Blasen wirft. Paprikaschoten in eine Schüssel geben und mit einem Teller bedeckt 10 Minuten ausdämpfen lassen, anschließend häuten und in kleine Würfel schneiden. Stielende der Tomaten herausschneiden. Tomaten kurz mit kochendem Wasser überbrühen, kalt abschrecken und häuten. Tomaten vierteln, entkernen und wie die Paprika schneiden.

2. Knoblauch und Schalotte pellen und fein hacken. Das Olivenöl in einer Pfanne erhitzen und Knoblauch und Schalotte darin bei mittlerer Hitze 1 Minute unter Rühren farblos anschwitzen. Paprikawürfel, Tomaten und Safran dazugeben und bei mittlerer Hitze 5 Minuten sanft garen. Harissa-Paste unterrühren und mit Salz, Zitronensaft und 1 Prise Zucker würzen. Lauwarm servieren.

Zubereitungszeit 35 Minuten
Pro Portion 3 g E, 1 g F, 12 g KH = 73 kcal (307 kJ)

Scharfe Enten-Tajine

Tajine ist der klassische Schmortopf Marokkos, hier liefert er eine ungewöhnlich würzige Ente.

Für 4 Portionen:

4 Entenkeulen (à 400 g)
1 Tl Kurkumapulver
2 Tl rosenscharfes Paprikapulver, 1 Tl Nelkenpulver
1 Tl Kreuzkümmelpulver, 1 Msp. Zimtpulver
350 g Zwiebeln, 3 Knoblauchzehen, 25 g frische Ingwerwurzel
3 El Olivenöl, Salz, 800 ml Hühnerfond
3 gestrichene Tl Harissa-Paste
2 Msp. Safranfäden, 2 Lorbeerblätter
350 g Möhren, 300 g Zucchini, 200 g Kichererbsen
schwarzer Pfeffer

1. Die Keulen entbeinen, Haut entfernen. Fleisch in 30 g schwere Stücke schneiden. Fleisch mit den Gewürzen mischen und 30 Minuten abgedeckt im Kühlschrank marinieren.

2. Inzwischen die Zwiebeln pellen und in feine Streifen schneiden. Knoblauch pellen und hacken. Ingwer schälen und fein hacken oder reiben.

3. Das Öl in einem großen Topf erhitzen. Das Fleisch salzen und im Öl bei mittlerer Hitze von allen Seiten goldbraun anbraten. Fleisch herausnehmen, in einem Sieb abtropfen lassen. Zwiebeln, Knoblauch und Ingwer in den Topf geben und 3 Minuten bei mittlerer Hitze unter Rühren dünsten. Das Fett abgießen und das Fleisch wieder in den Topf geben.

4. Den Hühnerfond angießen, Harissa-Paste, Safran und Lorbeerblätter dazugeben. Das Fleisch bei mittlerer Hitze mit angewinkeltem Deckel 1 Stunde schmoren.

5. Inzwischen die Möhren schälen, Zucchini waschen. Beides quer halbieren und längs vierteln. Nach 30 Minuten Garzeit die Möhren in den Topf geben, nach 10 weiteren Minuten die Zucchini dazugeben.

6. Kichererbsen in einem Sieb kalt abspülen, 10 Minuten vor Ende der Garzeit zum Fleisch geben. Die Tajine mit Salz und Pfeffer würzen und servieren. Dazu passt Couscous.

Zubereitungszeit 2 Stunden
Pro Portion 53 g E, 33 g F, 20 g KH = 578 kcal (2427 kJ)

Kulinarisches Souvenir

Kein Marokko-Urlaub ohne die eine oder andere Tajine als Mitbringsel, die schönen tönernen Schmortöpfe mit dem kegelförmigen Deckel. Ganz unter uns: Praktischer sind unsere europäischen Schmortöpfe, und die Gerichte, wenn sie nur richtig gewürzt und zubereitet werden, schmecken aus ihnen genauso marokkanisch. Und genauso scharf.

Äthiopische Gewürzpaste Berbere

Benutzen Sie diese höllisch scharfe Paste zum Würzen von Eintöpfen, Suppen oder Fleisch vom Grill – aber tun Sie es vorsichtig.

Für insgesamt 200 g:

20 g getrocknete rote Chilis
1 Tl schwarze Pfefferkörner
1 Tl Kreuzkümmelsaat
6 Nelken
6 Kardamomkapseln
$^1/_2$ Tl gemahlener Zimt
$^1/_2$ Tl gemahlene Koriandersaat
1 Tl Ingwerpulver
1–2 El edelsüßes Paprikapulver
3 Schalotten
4–5 Knoblauchzehen
3 El Speiseöl

1. Die Chilis in einer schweren Pfanne hell rösten und mit 200 ml kochendem Wasser in eine Schüssel geben. 30 Minuten einweichen lassen. Abgießen und das Wasser auffangen.

2. Pfefferkörner, Kreuzkümmel, Nelken und Kardamom in einer Pfanne rösten, bis sie beginnen zu duften. In einem Mörser zu einem feinen Pulver zerstoßen. Mit den restlichen Gewürzen vermischen.

3. Die Schalotten und den Knoblauch pellen und grob hacken. Mit den Chilis, den Gewürzen und etwa 150 ml von der Einweichflüssigkeit der Chilis in einen Mixer geben und sehr fein pürieren. Das Öl zugeben und untermischen.

4. Das Püree in einen kleinen Topf geben und bei mittlerer Hitze ca. 10 Minuten unter häufigem Rühren erhitzen. Von der Kochstelle nehmen und abkühlen lassen.

Zubereitungszeit 45 Minuten
Pro 1 El (20 g) 0 g E, 3 g F, 1 g KH = 32 kcal (133 kJ)

Luftdicht verschlossen hält sich das Berbere einige Wochen im Kühlschrank.

Bis der Rauch aufsteigt ...

Um möglichst viel und möglichst aromatische Schärfe aus den Chilischoten zu holen, sollten Sie die Schoten in einer schweren Pfanne ganz ohne Fett so lange rösten, bis sie anfangen zu rauchen. Erst dann gießen Sie das kochende Wasser hinzu. Aber passen Sie auf: Verbrennen sollen die Chilis nicht!

Schön und aromatisch zugleich

Besonders attraktiv wird dieses Gericht, wenn Sie die Fischwürfel auf Lorbeerspieße stecken. Dazu entfernen Sie von nicht allzu dünnen Lorbeerzweigen alle bis auf die obersten Blätter und stecken dann den Fisch darauf. Das sieht nicht nur toll aus, das schmeckt auch gut, weil der Lorbeer noch extra Würze verleiht.

Fischspieße in Chermoula

Chermoula ist eine marokkanische Marinade, die nicht nur scharf ist, sondern auch außerordentlich aromatisch. Sie kann Fisch ebenso wie Geflügel und Gemüse einen wild-würzigen Geschmack geben.

Für 4 Portionen:

½ Tl Koriandersaat
10 schwarze Pfefferkörner
5 getrocknete rote Chilis (Kerne entfernt)
1 kräftige Prise Safranpulver
100 g Zwiebeln
2 Knoblauchzehen
½ Bund glatte Petersilie
½ Bund Koriandergrün
3 El Limettensaft
3 El Olivenöl
Salz
400 g Seeteufelfilet
400 g Thunfischfilet

1. Koriandersaat und Pfefferkörner in einer Pfanne rösten, bis sie leicht zu rauchen beginnen. Mit den getrockneten Chilis und Safran im Mörser fein mahlen.

2. Zwiebeln und Knoblauch pellen und fein hacken. Petersilie und Koriandergrün hacken. Die Gewürze, Zwiebeln, Knoblauch, Petersilie und Koriandergrün in einer Schüssel mit dem Limettensaft und Olivenöl mischen. Mit Salz würzen.

3. Seeteufel- und Thunfischfilets in ca. 2 cm große Würfel schneiden. Fisch in Chermoula wenden und 1 Stunde im Kühlschrank marinieren.

4. Die Fischstücke auf Spieße stecken und über mittelheißer Holzkohle von jeder Seite 2 Minuten grillen.

Zubereitungszeit 1:40 Stunden
Pro Portion 39 g E, 16 g F, 3 g KH = 310 kcal (1297 kJ)

Wenn Sie lieber Geflügel aufspießen möchten, nehmen Sie am besten Fleisch aus der Brust, schneiden es in Würfel und grillen es ein paar Minuten länger als den Fisch.

Piri-Piri-Garnelen

Eine Traumkombination aus Portugals früheren afrikanischen Kolonien: zarte Garnelen und extra scharfe Piri-Piri.

Für 4 Portionen:

500 g Garnelen (à 30 g)
1 Tl rosenscharfes Paprikapulver
3 El Öl (vorzugsweise Erdnussöl)
1 El Sesamsaat
Salz
350 g Tomaten
100 g Zwiebeln
150 g Okraschoten
6 Piri-Piri-Schoten (in Lake)
400 ml Gemüsefond
100 g Erdnussbutter
weißer Pfeffer

1. Garnelen auftauen und gut trockentupfen. Mit dem Paprikapulver und 1 Tl Öl vermischen. Sesamsaat mit 1 Prise Salz im Mörser grob zerstoßen. Die Tomaten waschen, vierteln und entkernen. Zwiebeln pellen und in feine Streifen schneiden. Okraschoten waschen und am Stielende putzen. In kochendem Salzwasser 2–3 Minuten blanchieren, abgießen und kalt abschrecken. Anschließend gut abtropfen lassen. Die Piri-Piri-Schoten abtropfen lassen. 2 Schoten fein hacken, die anderen Schoten mit einem Messer zerdrücken.

2. Restliches Öl in einer schweren Pfanne erhitzen. Die Garnelen darin bei hoher Hitze rundherum kurz anbraten, herausnehmen und auf Küchenpapier abtropfen lassen. Zwiebeln und Sesam in die Pfanne geben und 1 Minute bei mittlerer Hitze anbraten. Fond angießen und die Piri-Piri und Okraschoten dazugeben. Bei mittlerer Hitze 7 Minuten kochen lassen. Tomaten und Erdnussbutter dazugeben und weitere 3–4 Minuten garen. Die Garnelen dazugeben, kurz erwärmen und alles mit Salz und Pfeffer würzen. Dazu passt Reis.

Zubereitungszeit 45 Minuten
Pro Portion 35 g E, 24 g F, 10 g KH = 400 kcal (1672 kJ)

Portugals Erbe: Piri-Piri

Eigentlich bedeutet Piri-Piri (mancherorts auch Peri-Peri) in ganz Afrika ganz schlicht Pfeffer- oder Chilischote. Unter diesem Namen haben die Portugiesen die kleinen länglichen, ganz besonders scharfen Dinger nach Europa gebracht. Die spezielle Form, schlank und spitz, gibt es in Lake im Glas – und auch da erreicht sie noch eine ungewöhnliche, durch die Lake etwas säuerliche Schärfe.

CHINA

Im Mittelpunkt der chinesischen Kultur steht die Bemühung um den Ausgleich von Gegensätzen. Auch in der Esskultur. Was natürlich nicht heißen soll, dass es nicht ein paar – nein, viele – bemerkenswert scharfe Sachen im Küchenreich der Mitte gibt. Vor allem in der legendären Szechuan-Küche. Scharfe Sachen, die auch noch erfreulich gut schmecken. Schließlich sollen sie ja nicht die Harmonie der Welt stören. Ebendiese Harmonie fördern auch unsere Rezepte auf den folgenden Seiten – mit aller Schärfe.

Gemüsesalat mit Marmor-Eiern

Sehr faszinierend und dabei äußerst schlicht: frisch-scharfer Salat und zart marmorierte Eier. Muss man einfach probieren!

Für 4–6 Personen:

4 Eier (Kl. L)
2 El schwarzer Tee, 2 Tl 5-Spice-Gewürz
2 El Sojasauce
4 Tl Zucker, Salz
je 1 Tl schwarze und weiße Sesamsaat
½ Bund Koriandergrün
5 El Öl, 2 El Sesamöl
4 El Reisessig
2 rote Chilischoten
350 g Möhren, 1 Salatgurke
je 1 rote und gelbe Paprikaschote
schwarzer Pfeffer

1. 2 Tage im Voraus die Eier anpiken, in kochendes Wasser geben und 4 Minuten kochen. Kalt abschrecken und mit einem Messerrücken rundherum behutsam die Schalen anschlagen, die Eier aber nicht pellen!

2. 750 ml Wasser mit dem Tee, 5-Spice-Gewürz, Sojasauce, 1 Tl Zucker und etwas Salz zum Kochen bringen. Eier hineingeben und weitere 6 Minuten kochen. Vom Herd nehmen und im Sud abkühlen, anschließend 2 Tage im Kühlschrank im Sud ziehen lassen.

3. Sesamsaat in einer Pfanne ohne Fett rösten. ⅔ des Sesams in einem Mörser zerstoßen. Korianderblätter abzupfen und hacken. Öl, Sesamöl, zerstoßenen Sesam, Reisessig, restlichen Zucker und Koriander verrühren. Chilischoten längs halbieren, entkernen und hacken. Zum Dressing geben und 30 Minuten ziehen lassen.

4. Möhren und Gurke schälen, in feine 8 cm lange Streifen schneiden. Paprika vierteln, entkernen und ebenfalls in feine Streifen schneiden. Die Gemüse in der Vinaigrette mischen und mit Salz und Pfeffer würzen. Salat auf eine Platte anrichten und mit dem restlichen Sesam bestreuen.

5. Die Eier pellen, abtropfen lassen und mit dem Salat servieren.

Zubereitungszeit 1 Stunde (plus Zeit zum Ziehen)
Pro Portion (bei 6) 7 g E, 17 g F, 11 g KH = 229 kcal (959 kJ)

Marmor-Ei und Sesamsaat

Die Marinade aus Tee, Sojasauce und Wasser verleiht den hart gekochten Eiern durch die behutsam angeschlagene Schale hindurch ein sehr dekoratives Gittermuster. Sesamsaat, gleichgültig ob weiße oder schwarze, grundsätzlich ohne Fett rösten. Dadurch wird der nussige Geschmack der Samen verstärkt.

Ein zügiger Schnitt

Nur Mut: Mit kräftigen Schnitten bis zur Gräte bereiten Sie die Forelle für eine schnelle Garzeit vor. Und Sie sorgen dafür, dass die Würze den gesamten Fisch durchdringt.

Szechuan-Forellen

Im Ganzen frittierte Fische sind in China an der kulinarischen Tagesordnung. Unsere pfannengebratene Version ist deutlich einfacher. Und praktisch dazu: Die Schärfe kann hier jeder mit dem bereitgestellten Chiliöl selber dosieren.

Für 4 Portionen:

4 küchenfertige Forellen (à 250 g)
6 El Sojasauce
1–2 Tl zerstoßener Szechuan-Pfeffer (ersatzweise schwarzer Pfeffer)
1 Bund Frühlingszwiebeln
400 g Tomaten
35 g frische Ingwerwurzel
2–3 Knoblauchzehen, 2–3 El Öl
Speisestärke zum Wälzen
1 El Sesamöl, 1–2 El Zucker
300 ml trockener Weißwein, Salz
Chiliöl nach Geschmack

1. Die Forellen innen und außen kalt abspülen und trockentupfen. Mit vier Messerschnitten auf jeder Seite schräg bis zur Gräte einschneiden. In einer Schale innen und außen mit 4 El Sojasauce beträufeln, innen pfeffern. 10–15 Minuten ziehen lassen.

2. Die Frühlingszwiebeln putzen, das Weiße und Hellgrüne in feine Ringe schneiden. Tomaten sechsteln, Kerne entfernen. Ingwer schälen und fein reiben. Knoblauch pellen und durch eine Presse geben.

3. Öl in einer großen beschichteten Pfanne erhitzen. Forellen in der Speisestärke wälzen und bei mittlerer Hitze von jeder Seite 5–6 Minuten braten. Auf eine Platte geben und im ca. 100 Grad (Gas 1, Umluft 100 Grad) heißen Ofen warm halten.

4. Öl aus der Pfanne gießen, Sesamöl hineingeben. Frühlingszwiebeln, Ingwer, und Knoblauch darin kurz anbraten, Tomaten und Zucker dazugeben. Wein und die restliche Sojasauce angießen und alles bei starker Hitze etwa 2 Minuten einkochen.

5. Die Sauce mit Salz und Pfeffer würzen, über die Forellen geben. Das Chiliöl separat dazu reichen.

Zubereitungszeit 1 Stunde
Pro Portion 34 g E, 23 g F, 16 g KH = 423 kcal (1774 kJ)

Hähnchenflügel

Barbecue auf Chinesisch. Süß und scharf mit dem Duft von Anis, Zimt und Nelken. Bei der Zubereitung darauf achten, dass die Flügel wirklich schön knusprig sind, bevor sie in die Glasur kommen. Notfalls die Flügel einfach etwas länger im Ofen lassen.

Für 24 Stück:

12 Hähnchenflügel
2 El Öl
Salz
150 g Ketchup
2 Tl 5-Spice-Gewürz
3 Tl englisches Senfpulver (ersatzweise 4 Tl extra scharfer Senf)
4 El flüssiger Honig
2–4 Tl Chiliöl
2 Tl Zitronensaft
einige kräftige Spritzer Tabasco

1. Die Hähnchenflügel im Gelenk trennen. Im Öl wenden, leicht salzen und auf einem mit Alufolie ausgelegten Backblech ausbreiten. Im vorgeheizten Ofen bei 235 Grad (Gas 4–5, Umluft nicht empfehlenswert) 15 Minuten auf der 2. Einschubleiste von unten garen, einmal wenden, weitere 10 Minuten garen.

2. Die restlichen Zutaten in einer Schüssel verrühren. Die Hähnchenflügel in der Glasur wenden. Erneut auf das mit Alufolie ausgelegte Blech geben (die Flügel sollten sich nicht berühren) und wie oben beschrieben weitere 15 Minuten garen und sofort servieren.

Zubereitungszeit 1 Stunde
Pro Stück 3 g E, 4 g F, 2 g KH = 53 kcal (223 kJ)

Hauptsache Einweichen

Sie sehen aus wie Gewächse aus einer anderen Welt, sind aber überaus würzige Pilze, die auf abgestorbenen Bäumen gedeihen. Sie müssen in jedem Fall eingeweicht werden (am besten in lauwarmem Wasser). Anschließend sollten Sie sie in mundgerechte Stücke schneiden.

Scharf-saure Suppe

Szechuan-Pfeffer und weißer Pfeffer verleihen diesem Klassiker beachtliche Würze. Wer es allerdings besonders scharf mag, kann auch einige Tropfen Chiliöl in jede Suppenschale geben.

Für 4–6 Portionen:

25 g getrocknete Mu-Err-Pilze (Baumpilze)
200 g Schweinefleisch aus der Keule
4 El Sojasauce
1–2 Tl Chiliöl
250 g Tofu
1 Dose Bambusschösslinge in Streifen (250 g EW)
1 Bund Frühlingszwiebeln
1,5 l Geflügelfond
1 El trockener Sherry
3 Eier (Kl. L)
4–6 El Rotweinessig
Szechuan-Pfeffer
weißer Pfeffer

1. Die Pilze 30 Minuten in lauwarmem Wasser einweichen. Inzwischen das Schweinefleisch in ½ cm große Würfel schneiden und mit 2 Tl Sojasauce und dem Chiliöl vermischt marinieren. Tofu in Stifte von 5 cm Länge und ½ cm Stärke schneiden. Bambus gut abtropfen lassen. Frühlingszwiebeln putzen und in sehr feine Ringe schneiden.

2. Die Pilze gut ausdrücken und in sehr feine Streifen schneiden. Pilzstreifen im Geflügelfond zum Kochen bringen und 5 Minuten sprudelnd kochen. Die Hitze reduzieren, Schweinefleisch dazugeben und weitere 30 Minuten sanft kochen. 5 Minuten vor Ende der Garzeit Bambus und Tofu zusammen mit der restlichen Sojasauce und dem Sherry dazugeben.

3. Die Eier verquirlen, unter Rühren in die kochende Suppe laufen lassen.

4. Suppe von der Kochstelle nehmen und mit dem Essig und reichlich Pfeffer würzen. In Schüsseln anrichten und mit den Frühlingszwiebeln bestreut servieren.

Zubereitungszeit 1:20 Stunden
Pro Portion (bei 6) 20 g E, 10 g F, 6 g KH = 192 kcal (805 kJ)

Frittierte Schweinerippchen

Noch besser als gegrillt: würzig marinierte Schweinerippchen mit einer scharf-süßen Sauce zum Dippen.

Für 6 Portionen:

50 g frische Ingwerwurzel
2 Knoblauchzehen
1 Tl geriebene Zitronenschale
50 ml Sesamöl
30 g brauner Zucker
Salz
5 El Sojasauce
1 kg fleischige Spareribs
(vom Metzger in 10 cm lange Stücke geschnitten)
Öl zum Frittieren
4 grüne Chilischoten
2 rote Chilischoten
2 El Honig
Saft von 1 Zitrone
1 Tl Chiliöl
schwarzer Pfeffer

1. Zwei Drittel des Ingwers schälen und fein reiben. Knoblauch pellen und pressen. Ingwer, Knoblauch, Zitronenschale, Sesamöl, braunen Zucker, etwas Salz und Sojasauce verrühren. Die Rippchen mit der Marinade in einen großen Gefrierbeutel geben, verschließen und über Nacht marinieren.

2. Das Frittieröl auf 180 Grad erhitzen. Die Rippchen aus der Marinade nehmen, mit Küchenpapier abtupfen. Portionsweise 3–5 Minuten goldbraun frittieren. Anschließend auf Küchenpapier abtropfen lassen.

3. Restlichen Ingwer schälen und reiben oder in feine Streifen schneiden. Chilis in feine Ringe schneiden. Beides mit Honig, Zitronensaft, Chiliöl, Salz und etwas Pfeffer verrühren und zu den Rippchen servieren.

Zubereitungszeit 40 Minuten (plus Zeit zum Marinieren)
Pro Portion 21 g E, 44 g F, 10 g KH = 514 kcal (2150 kJ)

Small is beautiful

Die Leidenschaft fürs Kleine, ja Winzige, kennen wir aus Japan mit seinen Miniaturbäumen in Miniaturgärten. Bonsai-Gemüse wie die Maiskölbchen und Auberginchen in unserem Rezept, aber auch Gürkchen und Zwergspargel sind in ganz Asien populär. Sie schmecken wie ihre normalen großen Ausgaben, sind nur etwas dekorativer.

Stir-Fry mit Orangen und Chili

Stir-Fry heißt „rühr-braten", und genau das ist es: Alle Zutaten werden gut vorbereitet und dann in Windeseile im Wok gegart. Knackig und gut.

Für 4 Portionen:

2 unbehandelte Orangen, Zucker
250 g Thai-Auberginen, 150 g Mini-Maiskölbchen
je 1 rote und gelbe Paprikaschote (à 200 g)
150 g Möhren, 150 g grüner Mini-Spargel
100 g Kaiserschoten, 25 g frische Ingwerwurzel
2 Knoblauchzehen, 5 rote Chilischoten
50 g Cashewkerne
4 El Öl, 2 El Sesamöl, 5 El Hoisin-Sauce (Asia-Laden)
Salz, schwarzer Pfeffer

1. 1 Orange heiß abspülen, die Schale mit einem Sparschäler dünn abschälen. Schale in feine Streifen schneiden und 1 Minute in leicht gezuckertem Wasser kochen, abgießen und abtropfen lassen. Beide Orangen auspressen. Die Auberginen putzen und längs vierteln. Maiskölbchen längs halbieren. Paprika vierteln, entkernen und in 2 cm große Würfel schneiden. Möhren schälen und in dünne Scheiben schneiden. Spargel und Kaiserschoten putzen. Ingwer schälen und in sehr feine Streifen schneiden. Knoblauch pellen und in dünne Scheiben schneiden. Chilischoten längs halbieren, aber am Stielende zusammenlassen, entkernen. Cashewkerne ohne Fett rösten.

2. Das Öl in einem Wok erhitzen und nacheinander Auberginen, Maiskölbchen, Paprika und Möhren darin rundherum etwa 1 Minute bei hoher Hitze unter Rühren anbraten. Anschließend Spargel und Kaiserschoten zusammen 30 Sekunden anbraten. Herausnehmen und beiseite stellen.

3. Sesamöl im Wok erhitzen und Knoblauch und Ingwer darin bei hoher Hitze anbraten. Chilischoten, Orangenschale und Hoisin-Sauce dazugeben und aufkochen. Orangensaft angießen und die Auberginen und Möhren wieder in den Wok geben. 1 Minute kochen, dann das restliche Gemüse dazugeben. Bei hoher Hitze 2 Minute kochen, mit Salz und Pfeffer würzen.

4. Das Gemüse auf eine Platte geben und mit den Cashewkernen bestreut servieren.

Zubereitungszeit 50 Minuten
Pro Portion 8 g E, 22 g F, 22 g KH = 319 kcal (1336 kJ)

MEXIKO

Hier, irgendwo zwischen den Anden und dem Golf von Mexiko, hat alles angefangen. Alles, was mit der Küche in ihrer schärfsten Form jedenfalls zu tun hat. Von hier nämlich stammen alle Chilischoten und Paprika dieser Welt. Mit Kolumbus und seinen Nachfolgern traten sie ihren Siegeszug nach Osten an. Und noch immer gedeihen sie hier in Mittel- und Südamerika aufs Schärfste. Und verbreiten sich unaufhaltsam weiter. Wenn Sie einmal das eine oder andere unserer Rezepte probiert haben, werden Sie wissen, warum.

Avocado-Dip

Sieht harmlos aus wie eine Gemüse-Creme, hat es aber mit seiner eleganten Mischung von Säure und Schärfe in sich. Ideal für Taco-Chips.

Für 10 Portionen (als Snack):

2 Tomaten (à 200 g)
2 Frühlingszwiebeln
4–6 kleine grüne Chilischoten
4 Avocados (à 250 g)
4 El frisch gepresster Limettensaft
3 El saure Sahne
Salz
schwarzer Pfeffer

1. Die Tomaten waschen, vierteln und entkernen. Fruchtfleisch in kleine Würfel schneiden. Frühlingszwiebeln putzen und in feine Ringe schneiden. Die Chilischoten längs halbieren, entkernen und fein hacken.

2. Avocados halbieren, den Stein herausnehmen und das Fruchtfleisch mit einem Löffel aus der Schale lösen. Das Fruchtfleisch mit dem Limettensaft glatt pürieren und mit der sauren Sahne verrühren. Tomaten, Frühlingszwiebeln und gehackte Chilischoten dazugeben und 30 Minuten kalt gestellt ziehen lassen.

3. Dip mit Salz und Pfeffer würzen. Den Dip mit Tortilla-Chips oder zu Tacos servieren.

Zubereitungszeit 25 Minuten (plus Kühlzeit)
Pro Portion 2 g E, 18 g F, 3 g KH = 185 kcal (772 kJ)

Der frische Stein der Weisen: **Der Dip behält länger seine frische grüne Farbe, wenn man ein oder zwei Avocadosteine hineingibt und erst kurz vorm Servieren wieder herausnimmt.**

Chili sin Carne

Eigentlich heißt es ja con Carne, also mit Fleisch. Wir machen es ohne, weil es in seiner vegetarischen Variante fast noch besser schmeckt.

Für 6 Portionen:

275 ml Tomatensaft
175 g Bulgur (Weizenschrot; Reformhaus)
200 g Zwiebeln, 4 große Knoblauchzehen
175 g Möhren, 150 g große Champignons
je 1 rote und gelbe Paprikaschote (à 200 g)
3 El Olivenöl
2–3 El Chilipulver (am besten mexikanisches)
3 Tl Kreuzkümmelpulver
4 El Tomatenmark
400 ml Gemüsefond
2 Dosen Pizzatomaten (à 400 g EW)
2 Dosen Kidneybohnen (à 400 g EW)
3 Frühlingszwiebeln
Salz, weißer Pfeffer
150 g geriebener Cheddar oder Manchego

1. Tomatensaft aufkochen und in einer Schüssel mit Bulgur mischen, mit einem Teller abgedeckt 20 Minuten ziehen lassen. Zwiebeln und Knoblauch pellen. Zwiebeln in feine Würfel schneiden, Knoblauch hacken. Möhren schälen und fein würfeln. Champignons waschen und fein hacken. Paprika waschen, vierteln, entkernen und in $^{1}/_{2}$ cm große Würfel schneiden.

2. Öl in einem Topf erhitzen, Zwiebeln und Knoblauch darin farblos anschwitzen. Möhren und Champignons dazugeben, weitere 3 Minuten anschwitzen. Chilipulver, Kreuzkümmelpulver und Tomatenmark zugeben, Gemüsefond angießen und die Dosentomaten, Bulgur und Paprikawürfel dazugeben.

3. Aufkochen und bei milder Hitze 35 Minuten unter häufigem Rühren sanft garen. Bohnen kalt abspülen und 20 Minuten vor Ende der Garzeit in den Topf geben. Frühlingszwiebeln putzen und in feine Ringe schneiden.

4. Chili mit Salz und Pfeffer würzen. In Schüsseln geben und mit dem Käse und den Frühlingszwiebeln bestreut servieren.

Zubereitungszeit 1:30 Stunden
Pro Portion 18 g E, 15 g F, 39 g KH = 367 kcal (1535 kJ)

Der schnelle Weg zum Zwiebelwürfel
Zwiebel pellen, erst quer, dann längs bis kurz vorm Zipfel einschneiden, dann würfeln.

Garnelen-Ceviche

Ceviche ist ein mexikanischer Klassiker, bei dem die Garnelen nur durch die Säure des Limettensafts langsam „gegart“ werden. Bei uns geht es schneller und einfacher: Wir garen die Garnelen vorher ganz knapp.

Für 4–6 Portionen:

500 g TK-Garnelen (ohne Kopf und Schale, à 30 g)
Salz
200 ml frisch gepresster Limettensaft
75 g Zwiebeln
3 rote Chilischoten
1 Bund Koriandergrün
1 Salatgurke
125 ml Ketchup
schwarzer Pfeffer

1. Die Garnelen auftauen lassen. Etwa 1 l gesalzenes Wasser mit 2 El Limettensaft zum Kochen bringen, die Garnelen hineingeben, einmal aufkochen, sofort abgießen und kalt abschrecken. Garnelen gut abtropfen lassen. Die Garnelen mit dem restlichen Limettensaft in einer Schüssel mischen und 1 Stunde im Kühlschrank marinieren.

2. Zwiebeln pellen und fein würfeln. Chilischoten längs halbieren, entkernen und sehr fein würfeln. Korianderblätter abzupfen und mit den feinen Stielen hacken. Gurke schälen, längs halbieren und entkernen. Fruchtfleisch in kleine Würfel schneiden. Alles zusammen mit dem Ketchup zu den Garnelen geben und vermischen. Mindestens weitere 15 Minuten marinieren und dann mit Salz und Pfeffer würzen. Ceviche in kleinen Gläsern oder in Schüsseln servieren.

Zubereitungszeit 1:30 Stunden (plus Zeit zum Marinieren)
Pro Portion (bei 6) 18 g E, 2 g F, 13 g KH = 153 kcal (639 kJ)

Für die Party: Ceviche ist auch gut geeignet für Gäste, weil Sie es Stunden vorher zubereiten können. Wichtig ist nur, das Gericht bis zum Servieren im Kühlschrank zu lassen.

Taco-Suppe mit Muscheln

Diese erdige Suppe wird in Mexiko mit Maistortilla-Fladen zubereitet. Die ersetzen wir durch Taco-Schalen, die Sie in jedem Supermarkt bekommen.

Für 4 Portionen (als Hauptgang):

750 g Tomaten, 150 g Zwiebeln, 3 Knoblauchzehen, 3 El Öl
2 El Chilipulver (am besten mexikanisches)
1 El Kreuzkümmelpulver, 1,2 l Geflügelfond
750 g Venusmuscheln (ersatzweise Miesmuscheln)
150 ml Weißwein, 1/2 Bund Schnittlauch, 100 g Schmand
Salz, 4–5 Taco-Schalen, schwarzer Pfeffer

1. Den Stielansatz der Tomaten keilförmig herausschneiden. Tomaten halbieren und die Kerne entfernen. Tomaten auf einem Gitter unter dem vorgeheizten Grill rösten, bis die Haut schwarz wird. Tomaten herausnehmen, abkühlen lassen, häuten und grob hacken.

2. Zwiebeln und Knoblauch pellen und fein hacken. 2 El Öl in einem Topf erhitzen, Zwiebeln und Knoblauch darin bei mittlerer Hitze farblos anschwitzen. Tomaten, Chilipulver und Kreuzkümmel dazugeben, kurz anschwitzen und den Geflügelfond angießen. 30 Minuten bei mittlerer Hitze sanft garen.

3. Inzwischen die Muscheln gründlich waschen und abtropfen lassen. Gegebenenfalls geöffnete Muscheln entsorgen. Restliches Öl in einem Topf erhitzen, Muscheln hineingeben, kurz anbraten. Vorsichtig mit dem Wein ablöschen und die Muscheln verschlossen 3–4 Minuten dämpfen. Sollten sich Muscheln nicht geöffnet haben, diese entfernen. Die Muscheln aus dem Sud nehmen, Sud zur Suppe geben. Schnittlauch in feine Röllchen schneiden. Schmand mit etwas Salz glatt rühren.

4. Die Taco-Schalen in einem Gefrierbeutel zerkleinern und zur Suppe geben. 4 Minuten kochen und die Suppe mit dem Pürierstab pürieren. Muscheln kurz in der Suppe erwärmen und mit Salz und Pfeffer würzen. Suppe mit Schnittlauch bestreuen und mit dem Schmand servieren.

Zubereitungszeit 1:30 Stunden
Pro Portion 9 g E, 20 g F, 23 g KH = 318 kcal (1334 kJ)

Immer wichtig: Muscheln sorgfältig sortieren

Bei allen Muscheln müssen Sie sicherstellen, dass sie vorm Kochen noch leben. Also nur geschlossene verwenden. Geöffnete mit einer Gabel anpiksen: Wenn sie sich nicht schließen, wegwerfen. Nach dem Kochen alle ungeöffneten Muscheln entsorgen.

Chiles Rellenos

Man könnte sie auch gefüllte Paprika nennen, aber die Füllung unterscheidet sie denn doch gewaltig vom Gewohnten, nicht zuletzt durch ihre Schärfe.

Für 4 Portionen:

300 ml Öl
8 längliche türkische Paprikaschoten (à 125 g)
150 g Chorizo (spanische Knoblauchwurst)
300 g geriebener Edamer
1 Dose Maiskörner (425 g EW)
250 g Tomaten
1 Bund Frühlingszwiebeln
½ Bund Koriandergrün, 1 rote Chilischote
2–3 El Limettensaft, Salz, schwarzer Pfeffer
2 Eier (Kl. L, getrennt)
100 g Mehl, 100 ml helles Bier

1. Das Öl in einer tiefen Bratpfanne auf 180 Grad erhitzen. Paprikaschoten portionsweise unter Wenden frittieren, bis die Haut Blasen wirft. Paprikaschoten in einer Schüssel, mit einem Teller bedeckt, einige Minuten abkühlen lassen, dann häuten. Das Öl bis zur späteren Verwendung in der Pfanne beiseite stellen. Paprikaschoten an einer Seite längs einschneiden und die Kerne vorsichtig herausnehmen. Chorizo fein würfeln, mit dem Käse mischen. Die Masse in die Schoten füllen und kalt stellen.

2. Mais abtropfen lassen. Tomaten vierteln, entkernen und in Streifen schneiden. Frühlingszwiebeln putzen, das Weiße in feine Ringe schneiden. Korianderblätter hacken, Chilischote längs halbieren, entkernen und fein hacken. Alles in eine Schüssel geben, mit dem Limettensaft, Salz und Pfeffer würzen und kurz marinieren.

3. Eigelb mit Mehl und Bier und 1 Prise Salz glatt rühren. Eiweiß steif schlagen und unter den Teig heben.

4. Das Öl auf 170 Grad erhitzen. Die gefüllten Paprikaschoten portionsweise durch den Teig ziehen und mit der Öffnung nach oben in das Öl geben. Mit einem großen Löffel vorsichtig etwas heißes Öl über die Öffnungen geben, um diese zu verschließen. Die Schoten unter Wenden 5 Minuten goldbraun frittieren. Die Schoten auf Küchenpapier abtropfen lassen und mit dem Maissalat servieren.

Zubereitungszeit 1:40 Stunden
Pro Portion 36 g E, 68 g F, 38 g KH = 914 kcal (3827 kJ)

A

B

Schoten richtig behandeln

Paprikaschoten schmecken feiner, wenn sie gehäutet werden. Hier machen wir das durch Frittieren (Foto A). Anschließend nur noch abdecken, und nach fünf Minuten lässt sich die Haut locker abziehen. Zum Füllen ist es in diesem Rezept wichtig, dass die Schoten nur seitlich angeritzt werden (Foto B). Sonst würden sie beim Frittieren zerfallen und die Füllung verlieren.

Chili-Maisbrot

Maisbrot in seiner üblichen Form ist vielleicht gewöhnungsbedürftig, in dieser verschärften Variante ist es ein garantierter Knüller.

Für 1 Brot à 24 Scheiben:

2 rote Chilischoten
5 Jalapeños (eingelegte Chilischoten; Dose)
300 g Mehl
1 Pk. Backpulver
Salz
350 g Maisgrieß
75 g Butter
500 ml Buttermilch
75 g flüssiger Honig
2 Eier (Kl. L)
1 El Öl

1. Chilischoten längs halbieren, entkernen und hacken. Jalapeños abtropfen lassen und fein hacken. Mehl, Backpulver und 1 Tl Salz in eine Schüssel sieben und mit dem Grieß mischen. Die Butter schmelzen und etwas abkühlen lassen. Mit der Buttermilch, dem Honig und den Eiern verrühren. Zusammen mit den Chilis zum Mehl geben und alles zu einem glatten Teig rühren.

2. Eine Kastenform von 30 cm Länge mit dem Öl innen bestreichen und den Teig hineingeben. Im vorgeheizten Backofen auf der 2. Einschubleiste von unten bei 180 Grad (Gas 2–3, Umluft 165 Grad) 35–40 Minuten backen. Brot 10 Minuten in der Form abkühlen lassen, dann auf ein Gitter stürzen und vollständig auskühlen lassen. Maisbrot schmeckt einfach mit Butter bestrichen, ist aber auch ein guter Begleiter zum vegetarischen Chili auf Seite 76.

Zubereitungszeit 1 Stunde (plus Zeit zum Abkühlen)
Pro Scheibe 4 g E, 4 g F, 23 g KH = 145 kcal (607 kJ)

INDIEN

Die Küche der Welt hat allen Grund, dem indischen Subkontinent für immer dankbar zu sein: Hierher kommt die hohe Kunst des Würzens. Und die inzwischen gottlob selbstverständliche Vielfalt an Gewürzen wäre ohne Europas Sehnsucht nach dem magischen Osten auch nicht denkbar – ein ganz gewöhnliches Currypulver besteht für eine indische Hausfrau aus durchschnittlich 15 Gewürzen, von Kardamom bis Kurkuma, von Ingwer bis Bockshornklee. Und selbstverständlich Chili. Schließlich ist die indische nicht nur eine der schönsten Küchen der Welt, sondern auch eine der schärfsten.

A

B

Der Trick mit der Mango

Zunächst müssen Sie die Mango schälen, das geht mit dem Messer oder bei reifen Mangos auch mit dem Sparschäler. Dann schneiden Sie parallel zum flachen Stein Scheiben herunter, bis Sie auf den Stein stoßen. Für Würfel schneiden Sie das Fruchtfleisch zuerst kreuzweise ein und verfahren dann wie oben.

Tandoori-Hähnchen im Pitabrot

Ein begnadeter Snack: würzige Scheiben Hähnchenbrust, dazu ein scharfes Mangogemüse, das Ganze in Pitabrot-Taschen. Guten Appetit!

Für 4 Portionen:

2 El Tandoori-Paste (Glas; Asia-Laden)
2 El Vollmilchjoghurt
2–3 Tl Chilipulver
2 Hähnchenbrustfilets (à 250 g)
200 g Schalotten, 1–2 rote Chilischoten
1 Mango (ca. 500 g)
2–3 El brauner Zucker
1 Lorbeerblatt, 1 Tl Senfsaat, Salz, weißer Pfeffer
3 El Weißweinessig, 3 El Orangensaft, 1 El Öl
4 Pitabrote, 1 Frühlingszwiebel

1. Tandoori-Paste mit dem Joghurt und Chilipulver glatt rühren, die Hähnchenbrüste darin wenden und mindestens 5 Stunden, besser über Nacht, abgedeckt im Kühlschrank marinieren.

2. Schalotten pellen, in Spalten schneiden. Chilischoten längs halbieren, entkernen und sehr fein würfeln. Mango schälen (Foto A). 3/4 des Fruchtfleisches in Scheiben vom Stein schneiden (Foto B) und würfeln. Restliches Fruchtfleisch in Spalten schneiden.

3. Mangowürfel, Schalotten und Chili mit Zucker, Lorbeer, Senfsaat, Salz, Pfeffer, Essig und Orangensaft und 5 El Wasser in einen Topf geben, aufkochen und 20 Minuten zugedeckt bei mittlerer Hitze kochen lassen.

4. Hähnchenbrüste auf ein mit 1 El Öl gefettetes Blech setzen und im vorgeheizten Ofen bei 200 Grad auf der 2. Einschubleiste von unten 25–30 Minuten garen (Gas 3, Umluft 180 Grad). Herausnehmen und kurz ruhen lassen. Pitabrote nach Packungsanweisung aufbacken. Frühlingszwiebel putzen und in feine Ringe schneiden.

5. Hähnchenbrüste in dünne Scheiben schneiden. Mit dem Mangogemüse in die Brote füllen und mit den Mangospalten und Frühlingszwiebeln dekorieren. Dazu passt Joghurt mit Zitronenmelisse.

Zubereitungszeit 1:10 Stunden (plus Zeit zum Marinieren)
Pro Portion 35 g E, 6 g F, 47 g KH = 397 kcal (1658 kJ)

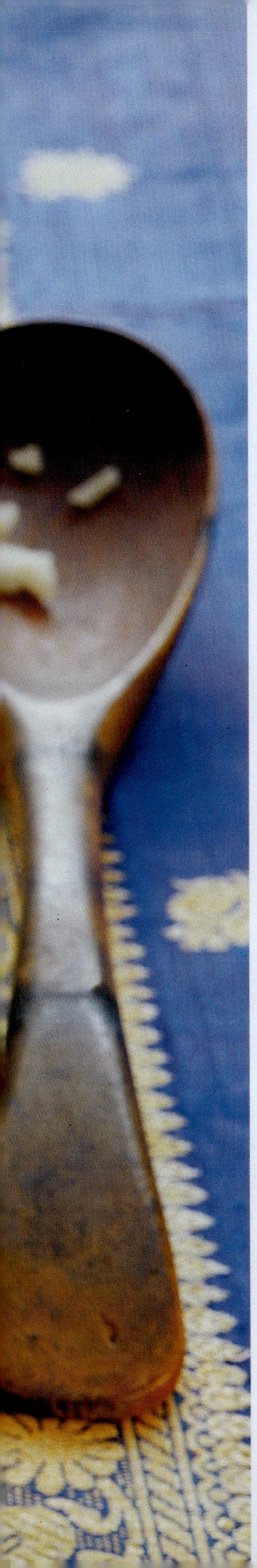

Lamm-Curry

Seine Würze erhält dieser Curry durch Koriander und Zimt und Ingwer, seine Schärfe durch Piment und Chili und Madras-Currypulver.

Für 4 Portionen:

2 Zimtstangen
1 El Pimentkörner
1 El Korianderkörner
300 g Zwiebeln
3 Knoblauchzehen
30 g frische Ingwerwurzel
900 g Lammfleisch (aus der Schulter)
Salz, schwarzer Pfeffer
4 El Öl
4 El Madras-Currypulver
75 g Tomatenmark
3 rote Chilischoten
200 g Kichererbsen (Dose)

1. Zimt, Piment und Koriander in einer Pfanne anrösten, bis etwas Rauch aufsteigt. Zimt beiseite legen. Piment und Koriander im Mörser fein zerstoßen. Zwiebeln und Knoblauch pellen und fein hacken. Ingwer schälen und reiben.

2. Das sichtbare Fett von der Lammschulter entfernen, das Fleisch in ca. 30 g schwere Würfel schneiden. Salzen und pfeffern. Das Öl in einem schweren, möglichst breiten Topf erhitzen, das Fleisch darin rundherum bei hoher Hitze anbraten. Zwiebeln und Knoblauch dazugeben und kurz mit anbraten. Zimt, Piment, Koriander und Curry unterrühren, dann das Tomatenmark und die Chilischoten im Ganzen dazugeben. Mit 600 ml Wasser auffüllen, salzen und 50 Minuten zugedeckt bei mittlerer Hitze garen. Dabei einige Male umrühren.

3. Kichererbsen im Sieb kalt abbrausen und gut abtropfen lassen. Kichererbsen unter das Fleisch mischen und weitere 10 Minuten garen. Curry mit Salz und Pfeffer abschmecken. Zum Lamm-Curry passt Basmati-Reis.

Zubereitungszeit 1:20 Stunden
Pro Portion 50 g E, 27 g F, 16 g KH = 506 kcal (2117 kJ)

Gemüse-Curry mit Kokosmilch

Wurzelgemüse aller Art von der Möhre bis zur Steckrübe bilden die Grundlage, Curry und Kokosmilch machen daraus ein einmalig scharf-aromatisches Essen.

Für 4–6 Portionen:

je 200 g Möhren, Pastinaken, Knollensellerie und Steckrüben
300 g Süßkartoffeln
200 g rote Zwiebeln
2–3 Knoblauchzehen
25 g frische Ingwerwurzel
300 g mittelgroße Tomaten
Salz
2 El Butterschmalz
1 El Tomatenmark
3 El Madras-Currypulver
2 Tl Chilipulver
2 Dosen ungesüßte Kokosmilch (à 400 ml)
weißer Pfeffer
Saft von 1 Limette
75 g Bananenchips (Reformhaus)

1. Wurzelgemüse und Süßkartoffeln schälen, in 1 cm große Würfel schneiden. Alles getrennt beiseite legen. Zwiebeln pellen, halbieren und in Spalten schneiden. Knoblauch pellen und durch eine Presse geben. Ingwer schälen und fein hacken oder reiben. Tomaten waschen und achteln, die Kerne entfernen.

2. Steckrüben 6 Minuten in kochendem Salzwasser blanchieren. Möhren-, Pastinaken-, Sellerie- und Kartoffelwürfel nach 2 Minuten dazugeben. Abgießen, in Eiswasser abschrecken und anschließend gut abtropfen lassen.

3. Butterschmalz in einem Wok oder in einer schweren Pfanne erhitzen, die Zwiebelspalten darin 3 Minuten unter Rühren anbraten. Herausnehmen und Knoblauch, Ingwer, Tomatenmark, Curry- und Chilipulver zugeben, kurz anrösten. Kokosmilch angießen, Gemüsewürfel und Zwiebeln dazugeben und bei mittlerer Hitze 15–20 Minuten kochen lassen.

4. 5 Minuten vor Ende der Garzeit die Tomatenspalten dazugeben. Mit Salz, Pfeffer und dem Limettensaft abschmecken. Die Bananenchips grob zerkleinert über das Curry streuen und servieren.

Zubereitungszeit 1 Stunde
Pro Portion (bei 6) 5 g E, 36 g F, 30 g KH = 461 kcal (1931 kJ)

Verwirrung um Curryblätter

Sie heißen Curryblätter, weil sie die Blätter des Currybaums sind. Aber sie haben mit dem Currygewürz und dem Gericht gleichen Namens nichts zu tun. Trotzdem sollten Sie sie ruhig im Curry verwenden, selbst in getrockneter Form geben sie reichlich Würze.

Scharfe Kartoffeln

Die Kartoffel mit Suchtfaktor: Wer diese Form der Bratkartoffel einmal probiert hat, könnte leicht für die deutsche Variante verloren sein.

Für 4–6 Portionen:

1 kg vorwiegend fest kochende Kartoffeln (nicht zu groß)
Salz
2 Bund Frühlingszwiebeln
2–3 Tl Chilipulver
1–2 Tl Currypulver
1 Tl Kurkuma (Gelbwurz)
4 El Öl
20 Curryblätter (Asia-Laden)
2 Zimtstangen (à 3 cm Länge)
1 Tl Senfsaat
1–2 Tl Zitronensaft
schwarzer Pfeffer

1. Die Kartoffeln gründlich waschen, in der Schale in Salzwasser knapp gar kochen, abgießen und pellen. Abkühlen lassen und längs in Viertel schneiden. Frühlingszwiebeln putzen und in 1 cm breite Ringe schneiden.

2. Die Kartoffeln mit Chili- und Currypulver, Kurkuma und 1 Prise Salz mischen. Öl in einer großen, vorzugsweise beschichteten Pfanne erhitzen. Die Kartoffeln darin bei hoher Hitze 4 Minuten unter häufigem Wenden anbraten. Hitze halbieren und Curryblätter, Zimt und Senfsaat dazugeben, 1 weitere Minute braten. Frühlingszwiebeln dazugeben, weitere 4 Minuten braten. Ganz zum Schluss mit Zitronensaft, Salz und Pfeffer würzen.

Zubereitungszeit 45 Minuten
Pro Portion (bei 6) 3 g E, 7 g F, 23 g KH = 172 kcal (720 kJ)

Redaktion und Text: Peter Ploog
Fotos: Ulrike Holsten
Rezepte: Oliver Trific
Assistent: Volker Krause
Arrangement: Tanja Wegener
Art Director: Christian Talla
Layout: Aña Jung
Bildbearbeitung: Jutta Wolf
Schlussredaktion: Uta Kleimann, Dr. Stephanie Kloster
Projektleitung: Dr. Felix Friedlaender
Sonderausgabe der Naumann & Göbel Verlagsgesellschaft mbH in
der VEMAG Verlags- und Medien Aktiengesellschaft, Köln

Gesamtherstellung: Naumann & Göbel Verlagsgesellschaft mbH, Köln

ISBN 3-625-11037-7